화산석

화산석

조정애 시집

1판 1쇄 발행 | 2022. 11. 5

발행처 | **Human & Books**
발행인 | 하응백
출판등록 | 2002년 6월 5일 제2002-113호
서울특별시 종로구 삼일대로 457 1409호(경운동, 수운회관)
기획 홍보부 | 02-6327-3535, 편집부 | 02-6327-3537, 팩시밀리 | 02-6327-5353
이메일 | hbooks@empas.com

ISBN 978-89-6078-761-2 03810

화산석

조정애 시집

시인의 말

나는 유복하지 못하고 불우했으며 희망보다는 대개 절망 쪽에 서 있었다. 그러나 나는 끝내 시인으로 다시 태어났다. 시쳇말로 무에서 유를 창조했다. 빈 상자 같은 일상 속에서 끊임없이 빛나는 보석을 꺼낼 수 있게 됐다. 세상에 한 줌의 빛을 보탤 만한 시를 남길 수도 있다고 생각하기에 이르렀다. 결국 이 시집은 '실패자의 부활'을 위해 태어난 셈이다. 내가 비틀거릴 때 나를 부축해 준 건 시작(詩作)에 대한 뜨거운 욕망과 열정이었다. 나는 증류수처럼 내 삶에 맺혀 있는 아름다운 '시 떨기'를 세상 사람들과 공유하고 싶었다.

아버지는 내가 네 살 때 여객선 초춘호 침몰 사고로 부산 송도 앞 바다에서 세상을 떠났다. 서른에 청상이 된 어머니를 모시고 살았다. 그 후로 사람들은 나를 보면 혀를 끌끌 차며 '아아 네 아버지만 살아 계셨더라면' 하고 말했다. 약속된 장미빛 내 인생이 순식간에 날아가 버렸다는 말이었다. 일본 게이오 대학 영문과를 나온 아버지는 해방 직후 미군정 때 미 육 사단 사령부에서 통역책임자로 일했다. 적산을 관리하는 요직에 있으면서 부산 역전에 누워 있던 수많은 귀환동포에게 집과 일자리를 마련해 주었다. 원대한 포부를 가졌던 큰 별이 송도 앞 바다에서 떨어지고 만 것이다.

만약 슬픔과 고통을 어루만져 주는 것이 시라면 내 속에서는 일찌감치 시인이 잉태되고 있었다. 아버지를 앗아간 바다를 바라보며 그때부터 슬픔과 그리움 속에 둥지를 틀고 눈물을 흘리기 시작했기 때문이다. 나는 해방과 육이오의 혼란기를 온몸으로 부딪치며 자랐다. 부산여고를 나왔고 동아대학 가정과를 다녔다. 결혼하기 전까지 태평양화학에서 근무했다. 회사에 빛나는 업적도 남겼다.

1970년에 결혼하여 아들과 두 딸을 낳았다. 결혼이 내 실패의 시작이 될 줄은 꿈에도 몰랐다. 정치판으로만 떠도는 한 남자를 만나 송두리째 무너지기 시작했다. 나는 절망했다. 나는 장업계(粧業界)로 뛰어들어 밑바닥에서부터 다시 시작했다. 사업은 놀랍도록 번창했다. 나는 모든 사업을 남편에게 맡기고 가정으로 돌아왔다.

그런데 얼마 안 가서 남편이 부도를 냈다. 그때 하나밖에 없는 오빠가 위암으로 세상을 떠났다. 그 이후 남편은 네 번 더 부도를 냈다. 나는 더 이상 절망하지 않기로 했다. 아이들이란 희망이 있었고 돌아가신 아버지가 내 속에 살아 있었기 때문이다. 아버지의 혼이 떠돌고 있는 바다를 향해 "당신에게 부끄럽지 않게 살겠습니다" 하고 수없이 맹세했다. 언제나 내가 이룬 사업은 늘 성공이었지만 남편으로 인해 벼랑으로 굴러 떨어졌다. 훗날 아들로 인해 나는 시인이 됐다. 한 남자와 두 번 결혼하고 두 번 이혼했다. 실패는 내 스승이었고 슬픔은 내 반려자였다. 가난도 불행한 것만은 아니었다. 온갖 신산과 고난 속에서도 무지개처럼 아름답고 행복했던 순간들을 남김없이 시로 묶어 놓았다.

    이만하면 내 삶을 송두리째 형상화해 놓은 셈이다. 대단한 끈기와 노력이 필요했다. 지금처럼 자녀들을 다 세상으로 내보내고 휑뎅그레 남아 있는 내 여생을 살아내기 위해 이런 시를 썼는지도 모른다. 내 은혜롭고 아름다운 삶은 아직 끝나지 않았기 때문이다.

2022년 시월, 거북골에서

차례

1부

화산석 1　15
화산석 2　16
화산석 3　17
화산석 4　18
화산석 5　19
화산석 6　20
화산석 7　21
화산석 8　22
화산석 9　23
화산석 10　24
화산석 11　25
화산석 12　26
화산석 13　27
화산석 14　29
화산석 15　30

2부

나의 혹성 1　35

나의 혹성 2   36

    나의 혹성 3   37

    나의 혹성 4   38

    나의 혹성 5   39

    나의 혹성 6   40

    나의 혹성 7   41

    나의 혹성 8   42

    나의 혹성 9   43

    나의 혹성 10   44

    나의 혹성 11   45

    나의 혹성 12 – 나무십자가   46

    나의 혹성 13   48

    나의 혹성 14   49

    나의 혹성 15   50

3부

    광복동 거리   53

    국제시장의 추억   55

    용두산   58

    모래들의 합창   60

    뱃고동 소리   61

    새벽시장   62

    설맞이   63

내 어릴 적 친구 'SINGER' 65

마음의 감옥 67

태종대 69

제비꽃 71

스위치를 내리세요 72

4부

그해 가을이 모두 젖었다 75

난초 76

무너미, 황명걸 시인 77

달아 달아 78

홍범도 장군이 돌아오는 날 80

새벽기도 82

세느강 따라 84

한 소녀와의 슬픈 인연 86

아름다운 이별을 위하여 88

어머니의 꿈 90

추석 다음날 – 부산 연안 부두에서 92

은빛바다 96

잃어버린 날개 98

친정 100

불붙던 가을은 어디로 갔을까 102

5부

삼천포 앞바다　105
바다여, 나의 친구여　107
오래 지친 자의 그늘　108
비파나무 – 채현국 선생님 옆　109
젊음의 차창　111
윤동주 시인의 언덕에 서서　112
진도에서　114
메밀꽃 필 무렵 – 송파문학세미나에 초청 받고　115
느티나무 언덕에서 – 박기억 회장의 추억　118
포도주와 그림자　119
찬란한 길 – 고 박재삼 시인　120
만선滿船을 위하여　122
꽃지 해수욕장　123
파이프 오르간을 타고 오다　124
'하이 서울' 청계천 기행　126

해설 시인은 왜? / 황정산(시인, 문학평론가)　130

1부

화산석 1

덩어리였다
내 존재가 보이기 전까지
불을 둘러쓰고 나온
핏빛 생명
나는 그의 자식이었다.

화산석 2

어디에 숨어 있었을까

산은 태양을 잉태하고 있었다
솟구쳐 오른
주홍빛 용암
천지를 물들이니
그것은 곧 시작이라 하였다.

화산석 3

나이 네 살에
천연두를 앓았다

꿈
사랑
보이지 않는 영혼까지
숭숭 뚫린 곰보였다.

화산석 4

사람은 구멍입니다
사랑도 이별도
인간사 모두
구멍, 구멍입니다

아름다움도 구멍입니다
아이나
꽃잎이나
비눗방울도
가슴 저미는 구멍입니다

그리움도 구멍입니다
해도 달도
나를 구멍 낸
수십억 개의
별의 무덤입니다.

화산석 5

빈틈없이 구멍이 나있다
송곳으로 찌를 틈새도 없다
바람이 빈 구멍에 집을 짓고 들어앉아
꿈을 밀어낸다

꿈은 갈 곳이 없다

바람을 위해
피리 부는 일 하나쯤 익혀놓고
꿈은 몸 밖에서
상처를
껴안고 있다.

화산석 6

살아서도
얼고
다시 터지는
분화구

새삼
온전한 죽음 뒤에
다시 살지 않을 깨끗한 죽음 뒤에
구멍 난 자리
한란寒蘭 한 촉
쪽빛 끝에 주저앉다.

화산석 7

말은 겉옷을 입기 전에
사유의 속옷을 입는다
속옷은 아무나 볼 수 없지만
글은 신분이 뚜렷하다

철 지난 잡지처럼
나뒹구는 도시에
살아있는 글이 있다

글과 글이 만나면
불이 된다
불은 살아올라 절정에 이른다

사랑의 재를 남긴다면
그것 또한 예사롭지 않다.

화산석 8

구멍은
인연 끝에
줄줄이 매달린
언어의 유희*游戲*
서로 찢기고 상처 입은
심장 거기에

구멍은
가까울수록 흐릿한
안개 속
할퀴고 내몰리는
허허하게 뚫린
폐, 거기에

화산석 9

위로하지 말게
나는 불의 아들
불은 불로서 맞선다네

일출과 일몰이 그러하듯
시작과 끝은 불이라네
불은 생명이네

위로하려거든
그대 잔으로
내 상처에
포도주를 쏟아주게

불은 사랑이네
불은 죽음이네.

화산석 10

바람 없는 날도
추워서 떤다
꽃 피는 날도
서러워서 운다

길들여진 분화구噴火口는
소쩍새,
임을 품어도
소쩍소쩍 운다.

화산석 11

또다시
새벽 여명 속에서
빛이 일어나
구멍 난 자리마다
향기로운 관冠을 씌운다.

화산석 12

흘린 눈물만큼
피운 꿈만큼
잃은 순결만큼

언제나
떠난 것은 사랑이었다

맞은 바람만큼
찢은 원고만큼
마신 허기만큼

나를 붙든 것은 어둠이었다.

화산석 13

어떤 사람은 큰방 어떤 사람은 작은방이라고 한다
사람들이 파헤치고 덮은 다음 다시 몰려와서
시멘트 냄새를 풍기는 손으로 거실 바닥을 가리킨다
그들은 또 다른 절망을 남기고 돌아가고
물은 철철 넘쳐서 아래층 외벽으로
맑은 시냇물을 이루며 흘러간다
탐지기를 동원한 기동대 일진이 집을 포위하고
모든 물줄기를 차단했다 "자수하면 산다. 자수하라"
그러자 물은 모두 숨어버리고 숨을 죽였다
그때 구멍 하나가 혼자 눈을 껌벅거리고 있었다
펌프질한 공기가 밀고 들어갔을 때
어디서 '쑤우우' 하고 새소리가 났다
사람들은 눈빛을 번뜩이며 귀를 쫑긋했다
"여기야, 여기" 소리 지른 건 사람이 아니라 구멍이었다
파헤쳐진 부엌바닥에서 시커멓게 썩은 보일러 파이프가
'헤헤헤' 하고 배꼽을 보이며 웃고 있었다
나는 절망 곁에 서있는 물의 희망을 보았다
뚝뚝 잘린 자리에 새로운 장기脏器가 끼워지자
그 속에 갇혀있던 황토 빛 녹물이 마구 쏟아졌다
시멘트가 덮이고 집안에 갇힌 물이 따뜻해졌다
모두가 퇴진하고 평온한 상태로 돌아갔다

그런데 왜 집안이 조용하지?
절망 곁에 서있던 그 희망은 어디로 갔지?
보이지 않는 모든 것들 그리고 나의 의식 나의 존재가
갑자기 불안을 느끼기 시작했다.

화산석 14

 동해에 가지 말았어야 했다. 얼어붙은 마당 얼음 깨는 소리에 햇살이 몰려와 여름 내내 자지러지고 빈혈로 하얀 입술처럼 쓰러져 있던 작은 마당을 지나 마룻바닥 위로 여울져 내리고, 그 끝에 놓여있는 놋대야에서 빛이 사그라지면, 어둠은 일제히 일어나 나뭇가지로 몰려갔다. 대문 밖 삐죽이 튀어나온 낡은 재래식 변소에서, 디딤돌을 밟고 웅크리고 앉아있는 바람 앞에, 우리들이 늘 한식구임을 말해주는 금동빛 화학원소 덩이들이 쌓여갈 때, 낡은 판자의 옹이 구멍사이로 꽂힌 햇살이, 그토록 눈부신 실낱같은 햇살이, 해마다 몸져눕던 긴 봄앓이를 치유했다. 동해에 가지 말았어야 했다. 언제나 궁색하게 빛이 바랜 거울에 부딪치던 작은 빛살이, 큰 바다 위에 거대한 일출로 떠오를 때, 첫사랑의 설렘보다 더 오래된 내 절망의 얼굴을 보았다. 예전의 봄앓이가 수세식 화장실 문을 두드린다. 이제 나는 우리들의 아무것도 볼 수가 없다.

화산석 15

초춘호 여객선 침몰사고로
아버지를 여읜 후
내게 넝마를 입힌 어머니는
내 운명을 거머쥔 구멍이 되었다
잦은 히스테리는 구멍을 키웠고
뻔질나게 주정뱅이와 건달들이
크고 작은 구멍을 만들었다

아버지가 떠난 세상이
온갖 거짓으로 허망해져도
큰 구멍으로 지은 집으로
파도와 바람이 들락거렸다
희망의 배를 띄우고
내 슬픔과 고통은
아버지의 꿈과 별이 되었다

큰 구멍 사이사이로
무수한 작은 구멍들이
별처럼 나를 지켜냈다
한라산 고산 철쭉이
왜 화산석을 껴안고 피어났는지

뒤늦게 깨달았을 때 아아,
거기 태초의 하늘이 있음을 보았다.

*초춘호 여객선(부산-여수) 침몰 사고: 1950년 12월 16일 아침 9시 부산 송도 앞바다에서 정원 초과로 출발 30분 만에 일어난 대형 참사다. 한국사 한국연표 해양기록사에도 사라지고 없다.

2부

나의 혹성 1

가르고 갈라 봐도 물인 것을
떠나고 떠나 봐도 흙인 것을
갈라도 떠나 봐도 바람인 것을

나를 지워 봐도 별인 것을

어린이들이여
바오밥나무를 조심하라

"길들인다는 게 무슨 뜻이지?"
"가령 네가 사랑한다고 말한다면
바로 행복해지기 시작하는 것"

철새들의 이동을 이용하여
별을 떠나온 어린 왕자여
가시를 가진 꽃을 그리워하는
아직도 너는 나의 혹성에 서 있는가.

나의 혹성 2

나의 소혹성은 'hyesol'이다
"너무 알려고 하지 마세요"
컴퓨터 주자인 아들이
인터넷 메일이 끊기자 홍콩으로 급히 들어가며
내게 던진 말이다
그 말이 마음에 든다
"이것밖에 모르느냐"고 하는 말보다 안심이 된다

지금 밤 1시 40분
컴퓨터 속 나의 혹성에서 글을 쓴다
언제나 고양이걸음으로 다가온 나의 어머니
"그건 무슨 소용이 있지?"
나도 퉁명스럽게 말한다
"너무 알려고 하지 마세요"
어머니도 안심하실 거다

통일호 밤차가 없어진 것을 몹시 서운해하며
내일 어머니는 오래된 낡은 별에 가신다,
경부선을 타고

나의 혹성 3

생텍쥐페리가 마흔이 넘어서
그의 별에 도달했다면
나도 나의 별에 착륙했는가
키 큰 가시 선인장과
컴퓨터와 A4 용지가
그런 것들이 내 작은 별에
무슨 방해가 되겠는가

목줄을 푼 양치기 개 에코는
50평 새 빌라의 옥상에 영역을 얻고
빛난 바람에 황금빛 털을 날린다
블로그 주소를 통해
낯선 별이 내 별에 찾아오지만
나는 오래된 옛 친구를 만나기 위해
날마다 숲길을 걷는다.

나의 혹성 4

우체부는
대문에 별을 놓고 간다
때론 낯선 이름을 가진 별이
내게 오는데
며칠 뒤 나는 그 별로 여행한다

그곳이 지루할 때는
다른 별로 가지만
어쩌다 신비로운 별을 만나면
밤새워 그 별을 탐미한다

우주의 몇 십억 개 별과
그 너머에 있는 별 중에서
새로 만나는 별이여
나의 소혹성에
그 이름을 새기기 위해
오늘도 그 별에게 내 사연을 띄운다.

나의 혹성 5

시집을 간 딸이
인터넷을 통해 정보를 받더니
애완용 강아지 두 마리는 내게로 보냈다
담배도 끊고
검사도 받는다
임신은 계획이고
철저히 과학이며 정보다
임신테스트 시약이 두 줄로 보였을 때
감격이다
생명이다
인연이다
집안에 아지랑이가 인다
미역냄새가 난다
딸기와 우유를 언니에게 건네며
아기옷을 제가 맡는다고
막내가 사인하고 있는 식탁에서
나는 '할머니' 호칭 대신
'마미'라고 부를 것을 공포한다.

새로 태어날 친구를 위하여
나의 별을 청소해야겠다.

나의 혹성 6

작은 생명이,
초음파에 잡히지도 않으면서
무섭게 나의 혹성을 끌어당기네

사람들을 거머쥐고 좌지우지하며
제가 태어날 별에서
생일날처럼 들뜨기도 하네

나의 혹성에 들어와
'할머니'의 일정만 흔들지 않는다고 약속하면
멋진 너의 별에도 곧 가보겠다

나의 혹성 7

별시계
째깍째깍
못 들은 척하며
밤과 낮을 바꾼다

인터넷을 열어놓은
머리 묶은 우주의 아들처럼
나도 긴 머리를 묶고 못 들은 척한다,
내 별에서

나의 혹성 8

내 소유의 낡은 책들이
인내심을 가지고 주소를 바꿀 때
기꺼이 따라온 내 낡은 의자도
고급주택 사이에 안착한다

어제의 등불이
내 그림자의 등을 흔들어 깨우면
나는 셰틀랜드 쉽독의 목줄을 쥐고
새 길을 노래하며 걷는다

청담동 로데오 거리를 지나
압구정동 갤러리아 백화점에 이르면
여기는 신비로운 이국의 풍경
신발의 먼지도 반짝이는 무늬 좋은 보도
낡은 세타와 청바지도 빛나는 우아한 거리

내 소유의 낡은 책들이
호기심을 가지고 주소를 바꿀 때
낯설음을 따라온 내 낡은 의자가
평화로이 돌아온 나를 감싼다.

나의 혹성 9

사랑을 꿈꾸며
당신에게로 갑니다

몇 억 광년이 흘러간
우리들의 인내 저쪽에서
두리번거리는 당신의 탐색 앞에

넝쿨손을 내밀며 담벼락을 오르는
담쟁이의 하루는
청청한 나무숲을 꿈꾸며
자꾸 당신에게로 갑니다.

나의 혹성 10

거리를 향해 열려 있는
도산공원 근처 기분 좋은 카페 '줌'은
구가舊家의 응접실인 양
말소리는 조용하고 음악은 아름답다

카페는 객석이고
한길은 무대
지나가는 사람들을 내다보면서
몇 시간이고 앉아있는 사람들

우리가 어디 있건
우리를 태운 지구가
달과 태양과 은하계의 망막한 공간을
떠다닐 때

나그네의 길목
거리를 향해 열려 있는
커피향이 좋은 기분 좋은 카페는
늘 나의 소혹성이 된다.

나의 혹성 11

텅 빈 지하철에
당신이 걷고 있습니다

처음 생긴 지구의 아침처럼
고요하고 평화로운 역사驛舍에
또박또박 발자국 소리 들려옵니다

마음의 터널도
풀잎의 희망처럼

쓸쓸히 걷고 있는 지하철에서
당신의 소리를 듣습니다.

나의 혹성 12
— 나무십자가

얼마를 더 기어올라가야
집이 되는 것일까
얼마나 더 밤이슬에 젖어야
초록빛 옷 한 벌을 얻을까

햇살 좋은 마당에 편지가 쌓일 때
태깔 좋은 자작나무 숲과
노을이 비낀 바다를 바라보며
나는 그대의 사연을 읽는다

벼랑만이 사는 길이라고
연어의 꿈은 폭포를 기어오르는데
피멍 든 손을 잡아 준 골고다언덕에서
나는 일렁이는 그대 그림자를 본다

밤새 켜 놓은 등불 아래서
뜬눈으로 새벽별을 그리노라면
가량가량한 내 기도가 하늘 끝에 닿아
담쟁이넝쿨이 숲이 되는 날

이젠 오르지 않아도 집이 되고
낮은 담벼락이 단풍 숲에 잠길 때
새소리도 사라진 고요한 뜰에서
그대가 보낸 편지에 답장을 쓰리라.

나의 혹성 13

웃고는 있었지만
웃어주고 싶었지만
뒤돌아보면
여전히 엉겅퀴다

향기로운 꽃이 되지 못해도
검은 벌레 낀 꽃대궁과
똘똘 뭉친 자존의 줄기 끝에는
보랏빛 꿈의 흔적이 있다

거친 심상으로
삶을 건너고 철학을 해도
가슴이 없는 엉겅퀴
너를 내 정원에 두지 못 한다.

나의 혹성 14

봄엔 죽지 않아
난 혼자가 아니니까
사랑은 봄이 내밀어 준 꽃이니까
그 온화한 대지가
작은 가슴을 품으니까
구름 낀 어두운 날에도
는개가 피면 이슬 천국이 열리니까
나무에 걸린 거미줄에도
눈부신 물방울로 채워주니까
그것은 아무나 볼 수 없는
하늘이 준 선물이니까
사랑으로 만든 세상은 아름답고
그 꿈꾸는 거리에
네가 있을 테니까.

나의 혹성 15

바람은 소리 없이 와서
꽃을 흔들고 나면
다른 곳으로 날아가는
바람은 말없는 비애다

바람은 색깔도 없이 와서
영혼을 스치고 달아나면
꽃은 닫힌 생각을 열고
피아노를 치고 그림을 그린다

꽃의 노래가 퍼져나가면
그대가 다시 돌아올 때
숲에는 또 기적이 일어나고
우주에는 새로운 별이 빛난다.

3부

광복동 거리

세월이 흐른 뒤에
흔적은 지웠지만
거리는 여전히 남아
살며시 내 팔을 붙잡는다
"이 거리를 걷고 있는 너는 누구냐"

남포동 골목을 지나
광복동 거리
추억의 갈피 속
에스파냐 카페에서
나는 옛 향기를 마시고 있다

흘러간 시간이
가슴속에서 출렁이는데
사람과 사람 사이로
꽃등燈 켠 거리를
너는 다시 걷고 있느냐

사랑이 얼비치는
쇼윈도를 돌아
키 큰 가로등만큼

눈부신 날개를 달고
너는 지금도 날고 있느냐

국제시장의 추억

가지가지 헌것들이
흘러들어오는 시장의 경계는
나프탈렌 냄새가 알려주고 있었다
국제시장은 그런 냄새 속에서
온갖 물건들이 모여 살고 있는 곳이었다.

먼 나라에서 온 구호물자는
낡고 구겨졌지만
반가운 상품으로 둔갑했다.
국방색 천막으로 된 가게에서는
숯불 다림질을 한 옷들이
옷걸이에 걸리면 값을 올려 팔았다

값싼 옷이 산더미로 쌓여있는 곳으로
멋쟁이들까지 땅강아지처럼 몰려들었다
옷더미를 죄다 뒤져보는데
몇 시간이 걸릴지라도
주인은 아랑곳하지 않았다
헐렁한 옷을 골라내어 고쳐 입는 것은
여인들의 큰 자랑이기도 했다
구멍 난 털옷에서

나프탈렌 냄새가 진하게 풍겼다.

머리칼과 옷섶에서 이를 잡아내던 시절
디디티는 말할 것도 없고
사람들은 그런 냄새에 익숙해져 있었다

도무지 가게랄 수 없는 땅바닥에서
전장의 시체처럼 나뒹구는
가죽 냄새 고약하게 풍기는
허름한 구두를 골라
사람들은 잘도 신고 다녔다
헌 옷이 저당 잡히고 헌 옷이 팔리던 시절
깡통을 찬 거렁뱅이는
헌 옷 아닌 넝마를 걸치고 돌아다녔다

명절이 오면 목욕탕과 떡집은
북새통이 되었고
창호지와 벽지를 새로 바르고
놋그릇을 밤새워 닦아놓는 설날은
보름달도 새것을 아는지
갓 풀 먹인 이부자리 위에
나보다 먼저 와서 뒹굴고 있었다

여학교 시절에
사과 궤짝을 엎어놓고 밤새워 공부할 때
머리까지 둘러쓰는 누런 군용 담요도
국제시장에 가면 지천으로 쌓여있었다

군부대에서 흘러나온 건빵이나
약품 나부랭이를 파는 장사꾼들과
득실대던 소매치기들 사이사이로
상이용사들이 목발을 짚고 누비고 다녔다

아바이들이 이북오도 사투리를
마구 내뱉으며 물건을 실어 나르고
오마니들이 죽으라고 재봉틀을 돌릴 때
나프탈렌 냄새 가득한 시장 안은
삶의 열기로 꽉 차올랐다

어느 날 대화大火가 휩쓸고 간
시장 바닥 잿더미에서
놋쇠 숟가락을 파내던 가난한 사람들이
차츰차츰 연기처럼 사라져갔고
비로소 국제시장에서 헌것들은
헌것으로 자리매김을 받게 되었다

용두산

친구야
멀리 떠나 살아
집을 떠나지 못한 저 비둘기들이
가슴이 시리구나

용두를 자랑하던 동광의 빛이
어디쯤 흘러가 머무는지
돌아와 149계단 오를수록
그리움에 젖는다

우리가 사랑하고
이별하던
꽃이 되고 별이 되고
등대가 된 자리

안개가 산을 부르고
푸른 산이 안개를 얼싸안아
만경창파萬頃蒼波를 이루도록
미처 깨닫지 못한 生이거늘

용두산
여기, 유년의 둥지에는
우리를 불러 쌓는
저 비둘기들만이
풀풀 날며
꽃시계를 돌리고 있구나.

모래들의 합창

물이랑의 이야기들이
바닷가 모래밭에선
사랑의 비밀까지 묻혀오고
내팽개쳐진 폐선廢船 위에
갈매기가 새 보금자리를 꾸민다

바닷가 한쪽에서
균사菌絲의 사슬고리로
세력을 넓혀 간 흔적은 있지만
어둠을 씻어 내는 물보라는
가히 찬란하기도 하다

세상 말에 귀가 멀어도
속살은 모두 새가 됐나, 소라여
살아 있는 소망이
깊은 밤 파도소리 되어
들려오는구나.

뱃고동 소리

꽃 피는 잔칫날에
옛 벗 여럿이 만나
열무국수 먹고 미역 감고
함께 노래 부르니
고향 바다는 情

그리운 날은 간 데 없고
아침 창문에
갈매기떼 매달아 놓은 우리는
천생 바다 사람

늘 내다 봐도
지친 세상 끝에서 밀려오는
파도소리

이제는 내가 용서해야 할
저 철없는 소리
뱃고동

새벽시장

　새벽이면 감자를 깎는다. 괘종시계가 세 시를 치면 새벽시장은 시금치처럼 싱싱하게 살아난다. 칼바람이 목덜미를 파고들면 새벽은 허기가 돌기 시작하고 새알죽 파는 할머니는 뜨거운 항아리의 허리를 끈으로 동여맨다. 밤차에서 내려놓은 농산물 더미를 지게꾼들이 허리가 휘도록 짊어지고 나른다. 목쉰 긴 경매 소리는 하늘과 땅을 가르고 수탉 우는소리가 덜 깬 잠을 쫓아낼 때 수도꼭지가 밤을 녹인 쇳물을 토해 내고 식당으로 내닫던 물장수가 여명黎明 속에서 몸을 푼다. 밤 열차를 타고 올라오신 외할머니의 흰 무명 수건이 여닫는 문 사이로 언뜻 보이고 연탄불에 눈을 맞추는 하늘 아궁이에서 쇠집게 소리가 정답게 들려온다. 도마를 두드리는 어머니의 머리카락은 새벽이슬로 헹구어서 촉촉이 젖어 있다. 새벽이면 감자를 깎는다. 어스름 별빛에 눈이 감겨오면 피난민들은 몸을 일으켜 시장바닥에 버려진 배춧잎을 줍는다. 싱싱한 이파리에 물방울이 구르듯이 아이들의 글 읽는 소리가 들려오기 시작하고 신발 끄는 소리에 이어 수돗물이 쏟아져 내리는 소리가 들려오면 새벽은 산 위로 올라가 집집마다 문을 연다. 내 어린 시절의 신비롭고 활기찬 새벽시장을 가슴 가득히 느낀다. 이슬에 젖은 새벽 종소리를 떠올리며 나는 감자를 깎는다.

설맞이

가마니 깔고 빙 둘러앉았지요
해묵은 놋그릇 수저 모두 내어놓고
기와 가루 짚에 묻혀
수십 번 공 굴리면
거기 묵은 아픔의 얼룩들이
지워지기 시작한대요
식구 수대로 꺼내 놓은
소탕기 중탕기 종지 대주발 소주발
냄비 주전자 세숫대야까지
옛이야기에 팔 아픈 것도 잊고
다 닦아야 설이 온대요
눈부시게 빛난 새해가 온대요
놋그릇에 식혜 부어
겨울밤에 얇게 언 얼음까지 먹어봐요
일 년 동안 기다린 보람 있어
기쁘고 서러운 설이 온대요
집에서 놓은 콩나물, 집에서 담근 술
시루에 찐 떡, 방앗간에서 뽑아 온 떡가래
생선 굽고 전 부치고 나물 하고 나면
색동저고리 제비댕기
설빔 챙겨 놓으시고 머리 감는 어머니

하얀 창호지에 풀 먹인 이불 사이로
섣달 그믐밤에 촛불 켜고 문 열어두면
저승의 아버지
장독대 돌아 설맞으러 오신대요
우리 남매 얼마나 자랐나 보러 오신대요
항아리에 받아 놓은 맑은 물처럼
차고 싱그러운 서러움 안고
놋그릇보다 빛난 설이 온대요.

내 어릴 적 친구 'SINGER'

독일산 싱거 재봉틀, 내 어릴 적 친구다
영문원서를 읽고 있는 아버지가 보인다

재봉틀 뚜껑을 세우고 구멍을 뚫고
우체통놀이를 하고 있는 까까중머리 오빠도 보인다

육이오 때 군수공장에서 군복을 만들고 있는
어머니도 보인다

집 앞 공보원에 불이 났을 때
영도다리로 대피했던 오래된 내 친구여

아직도 그 노랫소리 변함없는데
노모만 멀리 부산에 홀로 두고
서울 사는 내게로 왔구나

너는 알고 있느냐
세월을 박음질하면서
우리 집의 기쁨과 슬픔을 기억하고 있느냐

금빛 무늬는 지워져 가도
싱거 마크와 F 2890209 번호가 또렷하구나

네 살배기 내 이름을 불렀을
아버지의 숨결과 흔적을 찾던 나는
부산일보사에서 초춘호 여객선 침몰 기사를 찾아냈다

1950년 12월 16일 아침
부산 송도 앞바다에서 침몰한 초춘호 여객선으로
수많은 통곡소리 시청 앞을 가득 매울 때
친구여, 너는 그예 한 벌의 수의를 만들고 말았구나

혼백을 건지려는 바닷가 두 스님의 목탁소리
아직도 파도소리 되어 귓가에 들려오는데

서른에 혼자 된 어머니, 청상의 외로움도
네 살 때 잃어버린 내 꿈의 서러움도
아버지처럼 달래 주던 내 오랜 친구여

그리움의 윗실과 기도의 밑실로
또 행여 꿈이 일거든 싱거처럼 노래 부르며
그래 친구여, 다시 기운차게
우리의 세상을 아름답게 박음질해보자꾸나.

마음의 감옥

 아버지가 세상을 떠난 후 어느 날 어머니는 주홍색 공작실로 짠 스웨터를 나에게 입혀 주었다. 어둡고 긴 터널 속으로 날 슬쩍 디밀어 놓았다. 나는 엄청나게 큰 스웨터 속에 갇혀서 초등학교를 다녔다. 젖가슴이 봉긋 피어오를 때까지 그 옷 속에서 나는 겨울을 보내고 새 봄을 맞았다. 스웨터의 올처럼 이리저리 닳고 닳으며 나는 허구한 날 그 질긴 스웨터 거죽을 손바닥으로 쓸어 보곤 했다. 어느 날 그 스웨터가 갑자기 솔솔 풀리었다. 허연 다른 털실과 얽히고설키어 무거운 옷이 되더니 또 운명처럼 나를 덮쳤다. 그때 나는 중학생이었고 이번에는 옷보다 내가 먼저 크게 자랐기 때문에 그 불그뎅뎅한 스웨터는 나를 더 이상 가두지 못했다.

 내 옷에는 솜을 누빈 낡은 국방색 군복 상의도 있었다. 나는 그 옷을 입고 얼어붙은 학교 길을 걸어 다녔다. 내 모습이라곤 나뭇가지처럼 여윈 두 다리와 동상에 걸려 뒤뚱거리는 오리궁둥이뿐이었다. 나는 말이 없고 무서움을 잘 타는 기죽은 아이가 돼 버렸다. 사람들은 아무도 나를 그들의 생각 속에 비끄러매려고 하지 않았다. 흔하디 흔한 가죽 가방 틈에서 시마지천 가방을 늘어뜨린 채 코를 훌쩍이며 조심조심 걸어가는 나는 반편이었다.

 피난민들이 득실거리는 중앙 시장통을 가로지르며 밤낮 없이 제오육군병원으로 들이닥치는 앰뷸런스 소리 쌍불 내서 내닫는 불자동차 소리 하늘가에서 달려드는 비행기 소리 한밤중에 소등을 외치는 고함소리 아아 무서운 소리의 홍수 속에서 내 심장은 이미 중병을 앓고 있었다. 시장 어귀 공중변소에서 풍기는 악취와 굶주려서 누렇게 뜬 얼굴 사이로 번쩍이는 상이군인의 쇠갈고리 손 따위에 부대껴서 자다가도 가끔 오줌을 싸던 나는 시집가서 도망 나온 부엌데기 사촌이모에게 늘 머리를 쥐어 박혔다.

  남매를 품안에 품고 사는 것만으로도 행복한 줄 알라는 어머니의 푸념을 때때로 들으며 나는 언제 끊어질 줄 모르는 동아줄 하나를 어머니 허리에 단단히 묶어 놓고 살았다. 옷이 몸에 맞지 않아도 밥만 있으면 다행이었고 행복은 먼 나라의 요술방망이쯤으로 생각되었다. 푸른 하늘과 바다를 한없이 바라보며 맞지 않는 옷으로부터의 탈출을 꿈꾸던 나는 영문 원서 속에 파묻혀 살다가 영원히 바다로 떠나 버린 아버지처럼 차츰 눈이 반짝이는 몽상가가 되어갔다.

태종대

그대, 꿈을 열어 보았나
고래의 집 저 바다에
초록별이 쏟아져 내릴 때
통통배의 불빛을 쫓으며
우리는 밤공기에 취해 있었네.

보름달이 금빛 길을 틀 때
우뚝 솟은 계단 바위에서
손을 잡고 마주보던 우리는
꿈꾸는 바다의 쪽배가 되어
끝없이 노 저어 갔네.

그대, 이별을 해보았나
신선바위와 망부석 위로
구름도 잠시 머물다 떠나고
자살바위 위의 목탁소리에
구명사求命寺 노송들도 합장을 했네

그대, 태종대에 다시 가보았나
굽이굽이 걷던 숲속 길 따라
트럼펫 소리 길게 드리울 때

첫사랑의 맑고 푸른 눈빛
아직도 그 바다에 머물고 있네.

제비꽃

그대 이 세상 모든 것을 준다 해도
오늘 한 줌의 시간 속을 채울 수가 없습니다
그대 만유萬有의 기쁨을 준다 해도
구름의 쓸쓸함과 바람의 외로움을 지우진 못합니다
세상이 모든 것을 내게 베풀어도
허기진 빈 가슴밖에 내밀 수가 없습니다
그대 눈부신 사랑을 준다 해도
마주보는 순간밖에 받을 수가 없습니다
평화롭고 다정한 저녁노을이 어둠에 묻힐지라도
운명의 별자리와도 같이
나는 별꽃으로 피어날 것입니다.

스위치를 내리세요

　꿈속에서 희미한 소리 하나가 땅 끝에서 들려왔다. 외줄기 가느다란 구리선을 타고 희붐한 지구 한 모퉁이를 돌아 끈질기게 내 가슴을 에워싸다가 어디론가 숨어 버리더니 잠시 후에 다시 나타나 날카롭게 심장을 들쑤시기 시작했다. 어린 시절 한밤중에 큰길로 난 창문 앞을 지나면서 하염없이 내 잠자리를 흔들어대던 앰뷸런스 소리, 불자동차 소리, 캄캄한 밤하늘에서 떨어지던 대포소리, 난민들의 가슴을 두근거리게 하던 그 침묵의 소리까지 예전엔 내가 두려움으로 떨었다는 이유로 곧잘 나를 엄습해서 잠을 깨워 놓았다. 눈을 뜬 뒤에도 어디선가 소리는 울려오고 나는 냉장고 컴퓨터 시계 텔레비전 전축 가습기 외에 집안의 스위치를 모두 내려 빛과 소리를 모조리 죽이고 어둠 속에서 죽어 넘어진 소리들을 이리저리 살폈다. 이윽고 불을 켜자 숨어 있던 소리들이 유령처럼 지구 밖으로 달아나기 시작했는데 그때 검정개가 하늘을 보고 컹컹 짖고 있었다.

4부

그해 가을이 모두 젖었다

"나비의 꿈"
-덕수궁 현대미술관에서
처참히 부서진 승용차에
죽음의 냄새
나비의 꿈을 새긴
덕수궁 계단 아래는
레퀴엠이 팽팽히 긴장했다

나비는 승용차로
승용차는 나비로
누구의 작품인가
플라타너스 잎새가 날릴 때
서른둘에 흘린 내 눈물이
그해 가을을 적셨다

플라타너스 잎새로 떨어진
나는 겨우내 앓았다

계절이 책장을 넘기고
세월이 흘러 마침내
어느 바닷가 노을 속에서
나는 부활하는 나비가 되었다.

난초

인적이 없다
바람조차 없다
적요 끝에 매달아둔
물방울에
세상이 보인다
고즈넉이 눈을 감고
그곳에서 숲을 찾는다.

무너미, 황명걸 시인

마음 언저리에
꿈을 조각으로 새겨 놓고
상사초 푸른 눈시울로 기다리면
강물이 돌아오고 있다

북한강의 호사 속에
화주花酒 농익는 봄바람이 불고
들꽃 피는 산자락으로
강물은 몰래 돌아오고 있다

화필 하나로 일어나서
하늘이 흐르는 강가에서
하얗게 지새우다
늙은 소년이여

솟대 검은 기러기 떼
북녘 하늘로 날아가고 있다.

달아 달아

한여름 밤 속리산에서
도깨비들이 춤을 춘다

다듬이 소리로 세월을 벗기려는
무서운 혼령魂靈들 앞에
삼태극三太極이 심장을 드러낸다

수십 간 초막이 정적에 눌리면
뜨거운 빗살이 스물아홉 줄 금을 긋고
달을 가둔 거미는
은빛 꿈 타래를 온 누리에 풀어 내린다

활활 타는 장작불은
징소리 따라
무엇을 비는 것일까

멍석구름 헤치고
한마당 신풀이에 고개 내미는
만월의 저 고운 달아
달의 품에 안겨 잠들던 밤에
청수 떠놓고

손 비비던 우리 할매
달맞이꽃이 되어 지천으로 피어 있다

하얀 복주福酒 한 사발로
목마른 한恨을 녹이고
어둠에 취해 그대 품에 안겨 들면
등허리에 흐르는 옛사랑
이 밤도 숨을 죽이고
그리움에 젖는다.

- 농민문학 하계세미나

홍범도 장군이 돌아오는 날

광복절 아침에
귀히 접어둔
태극기를 꺼내 보며
가슴이 두근거린다

독립투사 홍범도 장군이
모래바람 부는
카자흐스탄 묘역에서
고국으로 돌아오는 날

승전고를 울리는 북소리로
밤새 핏물 올려 활짝 피어나는
나팔꽃의 그 함성으로
오시는 길을 향해 손을 흔든다

장하십니다
고맙습니다
독립을 외치던 그날의 태극기가
비로소 바람에 휘날린다

죽음과 분노와 기다림이 삭아버린
그곳의 한숨을 버리고
보라! 무엇이 우리를 지켜냈나
눈부시게 발전한 대한민국!

부디 햇살 잘 드는 고국에서
영원히 행복하시라고
손을 흔드는 광복의 태극기에
나 팔 꽃이 마구 피어나고 있다.

      2021. 8. 15.

새벽기도

꽃잎 날리는 봄날에는
북한산 인왕산 북악산에 쌓인
추억의 꽃길마다
흐드러진 봄은 숨이 찼네

앵두나무 꽃씨를 뿌려라
나비 찾아오는 오월의 언덕을 위하여
아름다운 봄빛을 지친 삶의 갈피에 끼우면
보배로운 희망이 찬양을 시작한다.

연두빛 숲에 비는 쏟아지는데
먹구름을 찢어놓는 천둥소리는
땅을 뒤엎으려는 사탄의 몸짓일지도 몰라
꿈을 깨버리려는 마귀의 호곡일지도 몰라

너무 소중해서 쉽게 보이지 않는
은밀히 피고 진 눈부신 꽃들아
숨겨도 보이고 마는 하늘 사랑아
자문 밖 70년에 뿌리내린 세검정 교회여

예배당 88계단 위에서
새벽기도가 샛별처럼 반짝이면
만왕의 성전과 소통이 되었구나
붉은 꽃망울이 오늘을 틔우고 있다.

- 세검정 교회 창립 70주년 기념 문집 권두시

세느강 따라

별이 된 나그네
푸른 눈빛의 새벽으로 다가와
마로니에 나무 아래서
세느강을 바라보네

길목 너머 노틀담 사원
샹젤리제 거리에 향수가 밀려오고
미라보 다리로 낮게 흘러가던
아, 그대여
잿빛 돌벽에 갇혔는가
보이지 않는 사랑아

장미카페에서
그대 기다리는 그리움이
포도주 잔에 떠오르고

거리마다 시인의 노래
샹송이 흐르고
에펠탑이 보이는 창가 제라늄 꽃잎에
그대 눈빛 어리면
다시 떠나가려네.

출렁이는 가슴 지금은 울지 않아도
푸른 세느강 따라
한없이 흘러 갈 수 있을까

한 소녀와의 슬픈 인연

 루브르 박물관의 화려한 관, 방부제 천에 감긴 이집트의 미라들
 밀라노의 지미떼로 모로메의 딸래 묘지, 수천 년을 통곡할 여인들의 푸른 석상들
 까따꿈베 지하의 수백만 명의 무덤의 미로에서 빠져 나온 지 며칠인가

 지리산 추성암
 인형과 몇 권의 책
 땀내 나는 가시내의 구두
 슬피 웃는 낯선 사진 보는 일

 목탁 소리 들릴 제
 영영 작별 못할 한 여인의 통곡 소리
 짙은 골짝을 가르듯 마음도 가르는 일

 연푸른 두루마기 외아들 신랑
 붉은 치마 노랑 저고리 넷째 딸 신부
 스님의 부름 받는 일

 살아 있음에 우리 새처럼 앉아
 연기처럼 하얀 영혼 보는 일

절에 모인 사람들
술 한잔 받아 마시는 일

깊은 산 범진골
저승길 위해 빌고 비는 초례청
노자 돈 쌓으며 행렬 따른 축문 소리
이승의 미련 활활 사르는 일
이제 한시름 놓을 것인가

폼페이에서 콜로세움에서 바라보던 그 하늘 아래
떠난 지 스무 해도 지난 오라버니의 영혼을 불러
어떤 소녀의 영혼과 슬픈 인연을 맺는 날

아름다운 이별을 위하여

누군가 먼 곳으로 떠나려 합니다
오래 전에 알고 있던 일이지만
서툴고 고통스럽고 꽤 당혹해 합니다
이제는 고집도 교만도 분노도 필요없습니다
몇 마디 사랑의 말이면 족합니다

누군가 이별을 준비합니다
잠을 자듯 꿈을 꾸듯 떠나는 것이기에
가방을 챙길 필요가 없습니다

누군가 떠나려 합니다
모든 것이 크레졸 냄새로 물들기 전에
나누어주어야 합니다
한 사람의 몫은 너무 컸습니다
마지막에 나누는 사랑
그것만이 필요한 준비일 테지요

아름답게 떠나는 일은
아름답게 태어나는 일과도 같습니다
축복과 탄식은 같은 뜻일지도 모릅니다
탄생과 죽음이 하나의 뜻이기 때문입니다

우리의 두 가지 과제를
아름답게 매듭짓는 일은 큰 축복입니다

누군가 떠나려 하고 있습니다
우리들의 보이지 않는 죽음의 행렬은
앞으로 나아가고 있습니다
떠난 자리는 오랫동안 텅 비고
죽음은 살아 있는 자의 몫이 됩니다

빈자리에 슬픔을 채우기보다는
지난날의 기쁨과 은혜로 가득 채워야 합니다
그것은 우리들의 약속이기 때문입니다
오랫동안 쌓아 온 기도의 연단이
살아 있는 자의 가슴에 평화를 남깁니다

오늘도
누군가 아름답게 떠나고 있습니다.

어머니의 꿈

보릿고개 넘을 때
보리밭에 누런빛이 감돌면
보리이삭을 뜯어서 삶아먹었다

푸나무로 연명하던 고개
도토리로 연명하던 고개
목숨으로 물꼬를 대던
보리밭

어머니는
큰 시루 속에 삼베보자기 깔고
콩나무 메물 타고 남은 재를 얹어
살살 물을 뿌려 잿물을 만들었다

겨울이면 무명베
여름이면 마포삼베
큰솥에 잿물 붓고 장작불로 삶아
무겁게 이고 시냇가로 갔다

빨래터 방망이 소리는
보리밭을 질러서

보릿고개를 넘어갔다

호롱불 켜 놓고
헌 옷 깁고 쌀보리 방아 찧고
열여덟 처녀 울 어머니는
마을 아이들 모아놓고 야학까지 했다

바람이 스쳐가는 대숲 가에서
등불 달고 글 읽는 지 몇 해던가
보리밭 푸른 물결 속에
어머니의 꿈이 오늘도 날아오르고 있다.

추석 다음날
  – 부산 연안 부두에서

어머니와 함께 해안을 거닐었네
수를 헤아리기조차 힘든 많은 지난날과
아직도 자라고 있는 도시를
보름달은 비추고 있었네
희미한 불빛 아래 가로등이 움츠릴 때
겨울이 오고 있음을 느꼈다네

어머니와 함께 해안을 거닐었네
손을 꼬옥 잡고
커져가는 조선소를 바라보며
좁아져가는 바다를 걱정했네
회색 벽 칠이 벗겨지고
시멘트 계단도 파헤쳐진 모퉁이를 돌면
소금기 밴 바닷바람이 온몸으로 달라붙네
공동변소를 지키는 장애인의
어두운 삶을 지우려하네

어머니와 함께 해안을 거닐었네
영도대교 위로 올라 바람을 타면
지난날 초춘호 여객선 침몰사고의
숨겨진 비밀 살아 오르며

바다는 철석이고 있었네
불길한 전주곡으로 폭풍이 해안을 휘몰아칠 때
상어 이빨에 해안이 잘려 나가고 있었네
언젠가 밝혀질 아버지의 바다 앞에서
마주 바라보고 웃을 날을 생각한다네

어머니와 함께 해안을 거닐었네
헐은 건물 벽에 새겨진 벽화를
잃어버리게 될 것을 어머니가 걱정하네
오빠가 떠난 바닷가 추석날 보름달 아래
우리의 그리움이 사라질까 두려운 생각뿐
죽은 자와 산 자들이
소리 없이 웃고 울고 있었네
시청과 시경 건물 사이를 지나
어머니와 함께 해안을 거닐었네

어머니와 함께 해안을 거닐었네
바다는 하늘로 높이 오르게 하나니
때 묻은 시절이 숨바꼭질을 않는다 해도
어머니의 따뜻한 손으로 그댈 맞이할 걸세
과일을 파는 가게의 낯익은 미소

아직 해안을 떠나지 못하고 있네
그들도 기다려야 함을 알고 있는 듯
인생을 알고 있는 듯
용두산의 4·19 탑처럼 그대로 있다네

알 수 없는 얘기만 남긴 채 떠나간 사람아
어디쯤에서 보름달을 바라보고 있는 것인가
목표를 향해 불을 댕기는 자들이여
영웅의 칼날도 해변의 난간처럼 녹이 쓸고 있네
한 바다 물결로 모일 수 없는 그대를 위해
보름달을 보며 건배를 하세
그냥 가슴으로 기억하게나

속삭이는 물결은
뭐든지 다 볼 수 있게 만들고 있네
트럼펫 소리와 우리들의 속삭임도 기억한다네
망원경 너머 바라볼 수 있는 곳까지
우리는 별 사이로 헤엄쳐갔네
별빛을 헤며 노래하던 그 밤바다
돌아올 수 없는 자리, 그대여
어머니와 함께 해안을 거닐었네

허물어야 될 건물 속에는
폭풍으로 목숨 건진 이들이 상처를 깁고 있었네
살아남은 생명 그 씨앗의 잔뿌리 위로
희망은 매일 떠오르고 모래성은 꿈을 꾸었네
휘영청 밝은 한가위 보름달 아래
바람 불어 머리카락 날리는 추석 다음 날
오랜만에 어머니와 함께 해안을 거닐었네
바다는 살아있고 모두 돌아올 것이라고
어머니는 속삭였네, 보름달처럼

은빛바다

부산바다는 비늘처럼 번쩍인다.
어머니가 주신 고향이다

맹장염 수술 후
잠든 어머니 환자복 상의 속으로
하얗고 따뜻하고 향기로운
내 기억 속의 설렘이
어머니 말랑한 가슴을 만지게 한다

소녀와 바다와 어머니
우리는 늘 그렇게 엮어져
모진 한세월을 살았다

어디선가 바닷바람은
소녀 적 친구들을 데리고
낯선 병실로 찾아오고
어머니는 파도의 요람에 흔들리며
잠이 들었다

갈채소리 들리는 길은
귀 울음의 외길이다

어머니의 손길이 머물다간
수많은 사람들의 치성致誠으로
어머니는 만수무강하리라

한 주 내내
어머니의 가슴은 내 차지다
가까이 살 냄새를 맡고
하얀 머리카락을 빗기면서
지난날을 반추反芻한다

노인요양병원에서
외과병동으로 옮긴 것일 뿐
어머니의 은빛바다는
눈부시게 짙푸른 가슴으로
우리들을 용서하고 있다.

*어머니는 2015년 5월 7일 97세로 소천하셨다.

잃어버린 날개

깊은 밤에
어머니가 보인다
웅크리고 잠든
서른 살의 어머니다
여든 살의 어머니다
노인병원의 아흔 살의 어머니다
그사이 사이로 네 살 때 떠나간
햇살처럼 숨 쉬고 있는 아버지가 보인다

지아비를 잃은 지어미의 외로움이
그 고통스런 육십 년이
내게로 와서 춤사위를 춰 보인다.
미워했던 순간, 외로웠던 세월이
다 지나고 나서 이 밤에
"사랑합니다. 어머니"
이 한마디를 슬며시 토해낸다

어머니가 된 나는 후회와 연민으로
세상을 모르는 아이처럼
어머니의 깊은 가매假寐처럼
"사랑합니다. 어머니"

어머니의 서른 살을 가슴 아파했다
"용서하십시오. 하나님"
어머니의 영혼으로
이밤 홀로 춤을 춘다.

친정

추석에는 갈 수 있을까
가슴속 고운 사랑아

세월은 갈매 빛 부둣가
유록柳綠 속에 비껴 있고
푸른 달빛이 가슴을 휘저으면
바람에 실려 보낸 영가는
다시 찾아와 창가에서 서성인다

추석날 노모의 빈 가슴으로
돌아오는 서늘한 기척은
못다 한 우리들의 속삭임일레

아직 향불 피우는 모정이 있어
살아 있는 고향아
언제쯤이나
먼저 떠나 버린 그리움을 불러들여
함께 돌아갈 수 있을까

밤바다에 가라앉은 별빛 위로
옛 씨알의 사랑이 떠오르면

은은한 빛으로 달려오는
하늘 아래 둘도 없는
내 친정아

불붙던 가을은 어디로 갔을까

사업이 결딴난 그해 가을
황망히 집을 나섰더니
빈 들판에 볏단만 말아놓고
가을은 떠나고 없었다

고개, 고개 넘어서
빈 산의 목소리 쓸어 담으니
낙엽 날리는 소리도 서러웠다
불붙던 가을은 어디로 갔을까

황혼이 내리는 들녘에
허수아비로 서 있던 나는
꽃상여처럼 바람 속으로
구슬프게 건너가고 있었다.

5부

삼천포 앞바다

바다는
왜 오느냐고 묻지 않는다

바람이 가슴을 흔들고
파도가 세월을 벗기면
보아라 목섬 뜬 바다는
전설처럼 아름답구나

떠나라던 갈매기도
오는 이 반기고
닳고 이끼 낀 바위 위로
별이 되지 못한 불가사리의 노래
천리 끝에서 나를 부르니

왜 오느냐고 묻지 말라
사람아

구슬빛으로 열려오는
목섬* 어디쯤에
풀포기 같은 내 사랑 남아
흙 아래 뿌리 내렸으니

이제는 흔들리는
그대의 풍경 앞에
아름다운 고요로
내가 서리라.

*목섬: 삼천포 앞바다의 섬

바다여, 나의 친구여

수평선 위로 갈매들이
3333 날아다니고
짙푸른 파도가
내 가슴을 마구 때린다.

세월의 잔해들이
폐선廢船으로 떠밀려와
저렇듯 울고 있는데
아득히 나는 바다를 잊으려 한다

송홧가루 날리는 해송 아래서
친구여, 다시 만날 언약을 했던가.
푸른 잉크 한 방울 해심海心에 뿌려
사랑이라 말한들 무엇 하랴

돛단배 띄워 적도까지
무지개를 끌고 와
네 푸른 가슴을 열면
친구여, 난 또 어쩌란 말인가

오래 지친 자의 그늘

기운찬 날
아무리 여닫이를 반복해도
처서에는
늦더위가 시작되고
대장간 숲은 온종일 매미 소리로 달구어진다.
개펄을 기면서 건져낸
맛조개의 희망을
내 손바닥 위에 올려놓고 싶다
장엄한 낙조를
내 사무실 천장에 매달아 놓고
여름이 끝나기를 나는 기다려야 한다
오래 지친 자의 그늘 속에서 그러하듯이
무궁화호의 발사만큼이나
자랑스러운 아이들의 눈빛이
안방의 먼지 낀 거울을 닦는다
새로 단장한 녹색의 정원에서
오래 지친 자의 그늘을 이루기 위해
내 영혼에 거름종이를 갈아 끼우고
봄을 맞고 다시 여름을 무너뜨린다.

비파나무
　- 채현국 선생님 옆

삼천포 노산공원 비파나무는
그 공원 찻집의
산다화山茶花 같은 젊은 주인이나
곰골 마을을 지키는
박구경 시인도 아니고
꽃가지 꺾어 그 이름을 알려준
채현국 선생 옆에 앉아서
미소 짓고 있는 사모님이다

도예가 창기 형님도
임꺽정 박영현 시인도
야쿠사 대장 같은 민영 시인도
물회로 유명한 그 할매집에서
개불로 얼큰하게 취하여
달콤한 옛이야기 꺼내 놓고
죽은 박재삼 시인 불러 놓고
회도 못 먹는 신경림 시인을 흉보고
함께 못 온 황명걸 시인을 흉보고
한창 열애 중인 인사동 김 노인을 흉보고
새벽까지 등불 켜주는 그 찻집에서
갖가지 웃음소리로 맑은 녹차를 우려냈다

삼천포 노산공원 비파나무는
枇杷라고 한자를 써 주신
채현국 선생도 아니고
그 옆에서 잔잔한 미소로
꽃향기를 전해 주는
사모님의 얼굴이다
그 얼굴을 가슴에 새기고
우리는 이박 삼일의
남해여행을 끝냈다.

젊음의 차창

비가 오지 않을 때는 몰랐습니다
바람 불지 않을 때는 몰랐습니다
비에 젖어 떨어야 하는 날
비로소 그대 눈부신 태양이 그립습니다

달리는 버스의 차창에
봄비는 세월의 빗금을 긋습니다
나의 여로에서 받은 은혜는
머리카락 사이의 하얀 권태뿐입니다

강물은 잿빛으로 돌아나가고
고개 숙인 나무들도
종일토록 비에 젖어
오늘은 내 어깨처럼 추워 보입니다.

윤동주 시인의 언덕에 서서

언덕에 올라 먼 하늘 바라보면
하늘과 바람과 별과 시를 엮어
솔바람으로 여기, 푸른 시가 있다

시 떨기 되살아나는 종로구 부암동
당신의 언덕에 서면
잎새를 흔드는 바람이 불고
그대가 되어 나는 괴로워 하나니

논가 외딴 우물에 얼굴 비쳐보며
아니다, 아니다
움켜진 젊은 허기로
사라지는 것을 향한 서러움으로
지금도 골고다 언덕을 오르고

어제도 오늘도 내일도
고개 숙여 걷는 삭막한 길에서
어깨 처진 슬픈 사람의 뒷모습에
시의 깃발을 흔드는 그대여

나는 당신을 사랑합니다
세상은 참으로 아름답습니다
비록 강산은 변하고 오염되어 있지만
우리의 정신은 변하지 않습니다

오, 이 땅에 영원히 살아있을
자랑스러운 윤동주 시인이여
살아남아 있기에 더욱 빛난
날마다 우리의 희망이여

진도에서

정든 문우들과
남해의 섬들이 우릴 반기는 날
천하명창 남도 가락을 싣고
울돌목을 가르는 요트에 올랐다

펄펄 뛰는 철갑상어가 되어
파도 가운데로 속력을 높이니
지난 꿈들이 대해로 흘러와
허연 포말로 달려오네

바다와 하늘이 춤추고
천파만파 위로 나는 물새도
손짓하는 남쪽바다 꽃잎이 되어
은빛 물결로 부서지는데

아, 바다에 왔네
포세이돈의 바다에
옥빛 여신이 옷자락을 날리는
진도바다 그 천공의 섬을 지나니
나의 청춘도 출렁임도
정녕 끝이 없네.

메밀꽃 필 무렵
  – 송파문학세미나에 초청 받고

대관령 너머
하늘에 떠 있는 산마을 사람들은
더덕 참나물 곰취를 햇살 속에 여둬 두고
봉평장을 기다린다

메밀꽃 필 무렵
옥양목 펼쳐놓은 산길로
올챙묵 배치그리한 맛 따라가면
원주 가서 배부른 산이 된다

그날 행사는 끝나고
산안개 퍼져가는 메밀밭에
하늘이 비스듬히 내려앉고
이효석 선생의 생가에는
도마뱀이 토담을 넘나들 때
생가 맨 앞 테이블 의자에
나를 앉혔다

그때 K시인이 나와서 인사를 하면서
모자를 벗더니 갑자기 통가발을 벗겼다
반짝이는 납작한 대머리를 보자마자

나는 벌떡 일어나 그에게로 달려가서
안아주고 등을 두드리며 위로했다

알고 보니 지난 밤,
시원한 열무김치 뒤 사발에
냉메밀묵 말아먹은 박건호* 시인과
송파문학 남자회원들이
K시인의 취침시간 가발 쇼를 보고
한바탕 뱃살을 거머쥐었다

그리고 조시인 앞에서
똑같이 가발 쇼를 연출하기로
야밤에 모의를 했것다

내가 깜짝 놀라 움츠려들 줄 알았는데
그들이 내게 기대했던 것과는 달리
아아, 예상 밖의 반전이 일어난 것이다.

메밀꽃 필 무렵이면
먼저 떠난 장난꾸러기 토우 시인도
"조 시인, 나도 늙어 대머리가 되면

안아 줄 수 있겠소?"
소설가 유금호 님의 말도 귀에 쟁쟁하다.

*박건호: 호 토우, 시인이며 작사가

느티나무 언덕에서
 - 박기억* 회장의 추억

줄줄이 승용차로 돌아오던 날
보름달이 떠오른 외딴 시골길에서
잠시 회장과 회원들이 내렸다
가을밤 느티나무 언덕에서
세레나데를 나에게 청했을 때

검은 숲에 달빛이 흐르고
객석엔 고즈넉이 적막이 쌓이고
황홀한 언덕 위 무대에서
나는 그리움의 창가를 떠올리며
화산석의 노래를 불렀다

세월의 갈피 속에서
그날의 노랫소리는 아직도
흐드러지게 달맞이꽃으로 피어나고
그때 쏟아지던 박수소리는
추억의 창가에 별빛으로 떠있다.

*박기억 : 동일기업 회장이며 2001년 11월 18일 77세로 소천. 가수 싸이 할아버지.

포도주와 그림자

포도주를 마시면
펜에 피가 돈다
고여 있던 언어들이
백지 위로 흘러나온다

눈물이 무지개에 걸리고
바다에 닿을 때까지
나는 늘 같은 노래를 부른다

포도주는 잠의 도시를 열어준다
느리게 아주 느리게 가도 좋은
그곳엔 꿈꾸는 사람들로 가득하다

잠은 포도주의 나라다
흔들리며 펜이 걷는다
발자국 따라 그림자가 보인다

너는 누구인가
왜 지칠 때마다 내 어깨에
손을 얹는 것인가

찬란한 길
 – 고 박재삼 시인

죽고 죽어도
꽃냄새 서린 땅에
지천으로 자라는 가시 풀마다
이슬 맺힌 고향 산천을
그 덧없는 아름다움을 멀거니 바라보다
홀로 날아가는 새여

깊은 동굴
죽음의 벽에 기대어
녹아내리는 쓰디쓴 한을
그대는 보았는가요

인고의 땅에
흐느낌마저 넘쳐흘러
슬픔으로 빛날 때
남쪽바다를 꿈꾸며
눈부신 날갯짓을 하고 있는
그대 한 마리 새여

양팔 벌려 가슴에 별을 모으더니
잘린 발가락과 텅 빈 주머니까지

하늘이 쌓여 가벼운 새여

검불로 떠도는 방랑의 길
죽음을 건너는 다리 위에서
시작詩作의 나팔소리 울리며
울음을 수놓고 떠나가는 가요

강물에서 건져 올린
눈물 같은 비늘 하나 물고
아직도 날고 있나요,
삼천포를 향해

*고향으로 가지 못하고 공주에 묻힌 시인 박재삼 선생님을 생각하며.

만선滿船을 위하여

밤의 불면과
낮의 수면이 손잡고
낯선 눈빛으로
나는 환상의 바다를 저어 간다
빛과 어둠이 바뀌는 수평선을 따라 간다.
은빛 바다가 그리워
등불을 밝히고 원고지 그물을 던진다
그물에 걸린 싱싱한 언어를 가득 싣고
돌아와 아침 부두에 풀어놓는 詩

아아, 나는 어부가 되고 싶다.

꽃지 해수욕장

서해에 수평선 한 줄 그어 놓고
섬은 멀리 가지 않았다
꿈꾸는 안면도 낙조의 바다에서
사슴처럼 기대어 사는 할미할아비 바위가
꽃지의 모래 길을 열고 있었다

찾아오는 이에게 길은 내주지만
언제나 문을 닫을 줄 아는
금슬 좋은 노부부의 섬

갓 잡아 올린 생선처럼
펄펄 뛰는 저 신비의 바다에
세상 오묘한 빛 다 불러
희망을 건네주는 아침처럼

아 우리도 저렇게 살자
천년만년 저렇게 살자.

파이프 오르간을 타고 오다

뭉게구름을 피워 올리듯
하늘은 왜 그렇게
파이프 오르간을 연주할 수 없을까

천상의 소리는
내한한 러시아 볼쇼이극장
스페이드 여왕에서도 울려 퍼졌다
그러나 그것은 유년의 하늘에서 내려오던
언젠가 내가 그 신비로운 소리를 타고
하늘로 떠오르려고 했던
천상의 울림은 아니었다
어느 일요일
새 천년의 줄을 서기 위해
압구정동 십자가 높은 집을 찾아갔다

문득 빛이 소리로 다가오기 시작했다.
은빛 파이프를 타고 말씀이 들려왔다.
황금빛 신천지가 열리고
그 빛나는 소리에 싸여 황홀경에 빠졌다
하늘의 메시지가 은관을 타고 내려와
이윽고 내 영혼을 울리기 시작했다

주말 시간을 메고 헤매던 나는
파이프 오르간을 타고 내려온
차디찬 금속성 소리로
어린 시절 교회당 마루바닥에서 듣던
따뜻한 천상의 소리를 찾아냈다

간구하던 에코가 이렇게 오고 만 것이다.

'하이 서울' 청계천 기행

돌아오는 것이 어찌 맑은 물뿐이랴

천진한 눈빛들이 도회로 돌아오고
천변 휘감고 다시 흐르는 세월은
모래무지 피라미 헤엄치는 냇물은
빨래하던 아낙네들의 해맑은 소리

광통교 수표교에 쌓인 장희빈의 한숨이
관수교 버들다리에 맺힌 田씨의 외침이
물가에 수크령 되어 구름처럼 피었는데
흐르는 눈물을 말끔히 씻었는가

임꺽정이 줄행랑치던 오간수문 지나
황학교 비우당다리 아래로 걸어가면
산철쭉 사과나무 천안의 능수버들도
함께 이마를 맞대고 고향을 찾아간다

갈대밭으로, 담양 대나무 숲으로
여름날 서늘한 바람들이 모여들었다
우리네같이 물길에 낯설게 둘러앉아
들꽃무리처럼 이리 서울이 됐나보다

고산자교에서 쑥부쟁이꽃이 인사하고
신답철교 마장교 너머 질펀히 피어난
맥문동 그 보랏빛 꽃이 여름을 식히면
꽃길을 걷는 낡은 신발조차 고맙구나!

중랑과 청계가 합수하여 흐르는 곳
마침 흐드러지게 웃으며 줄지어 선
초록 겹치마에 선홍빛 칸나 꽃 행렬
잔칫날 행주치마 입은 숙모님들이다

먼지 쌓인 역사책을 뚫고 전곶교로
조선왕이 행차하는 소리가 들려왔다
강한 근육 같은 돌덩이로 세워 놓은
동대문과 광나루를 잇던 살곶이다리
600년의 시간이 철새처럼 앉아 있다

자전거를 피해 응봉산 자락 지나자
오랜 자비로 흘러온 장강의 초입이
손님인 양 온몸으로 소리 내며 반긴다
걷고 또 걸으면 나도 하늘말나리야!

빛 고운 저녁 한강에 석양이 비꼈다.
이 땅 사방에 떠도는 말씀들을 업고
오늘 또 오늘 용서하는 갈댓잎소리
'하이 서울'이여
강북에서 보고픈 너라면
강남에서 보고픈 너라면
큰 강을 마주보며 서로 그리워하자

성수와 동호대교가 어깨동무를 하듯이
저 물새와 물고기들은 늘 헹가래를 했다
미움과 분노의 세월 속에서도 한강은
메마른 우리의 가슴을 늘 적셔 주었다

서울, 그대 착한 숨소리가 뿌리 내리게
함께 입을 모아 '하이 서울'을 외치면
하늘땅 모든 불빛은 사랑이 될 것이다
청청한 빛을 담고 강물은 영원히 흐를 것이다.

/ 해설 /

시인은 왜?

황정산
(시인, 문학평론가)

1. 들어가며

　현대는 '왜?'라는 질문이 사라진 시대이다. 대세에 따라가며 남보다 뒤쳐지지 않아야 한다는 강박 속에 살아가고, 다른 사람의 욕망을 열심히 베껴 나의 욕망으로 만들어야 하는 데 골몰해야 하는 현대인들에게는 '왜?'라는 질문은 불필요하다. 하지만 이 질문을 잃어버리고 사는 삶은 허망하다. 목표와 지향과 의미를 스스로 찾지 못하기 때문이다. 많은 현대인들이 술과 마약 같은 중독성 쾌락에서 헤어나지 못하고 또한 우울과 권태의 늪에서 쉽게 벗어나지 못하는 것도 다 이 때문이다.
　시도 마찬가지이다. 근래에 들어 왜 쓰는지 모를 시들이 많이 눈에 띄고 있다. 유행하는 시풍을 무비판적으로 따라 쓰고 어디서 배운 듯한 익숙한 표현으로 시의 겉모습만 닮은 그런 시들이 많다. 이런 시를 쓰는 시인들은 대개 남의 평가에 예민하고 문학상 같은 데에 집착한다. 시를 쓰는 자신의 필연적 의미를 찾지 못하기 때문일 것이다.

이런 풍조와는 전혀 반대편에 서 있는 시인이 바로 조정애 시인이 아닌가 한다. 그는 꾸준히 자신만의 언어로 자신의 시의 근거와 의미를 찾고자 하는 시인이다. 이번 시집의 시들이 그것을 아주 잘 보여준다.

2. 나는 누구?

이 시집 1부와 2부의 시들은 연작시로 구성되어 있다. 이 연작들은 시인이 자신이 누구인지 탐구하는 기록이다. 1부 「화산석」 연작은 시인 자신이 어떻게 존재해 왔는지 자신의 정체성에 대한 성찰이다. 시인은 자신을 용암이 굳어져 만들어진 화산석과 동일시한다. 화산석을 통해 시인이 자신을 어떻게 그려내고 있는지 좀 더 자세히 살펴보자.

> 덩어리였다
> 내 존재가 보이기 전까지
> 불을 둘러쓰고 나온
> 핏빛 생명
> 나는 그의 자식이었다.
> ―「화산석 1」 전문

시인은 자신을 "불을 둘러쓰고 나온 / 핏빛 생명"으로 표현하고 있다. "불"과 "피"는 특별한 경험의 산물이다. 그것은 사고이거나 아니면 반대로 축제의 기쁨을 나타내는 것이기도 하다. 어떤 것이든 일상을 뒤흔드는 충격적인 일이고 흔치 않은 경험이다. 시인은 자신을 이런 특별한 순간이 만들어 놓은 존재라고 생각한다. 화산 폭발이라는 불의 힘이 화산석을 만들었듯이 어떤 뜨거운 열정과 가열찬 정신이 자신의 본질이고 정체성이라고 시인은 생각한다. 뜨거운 감성을 가지고 태어나 세상에 던져진 존재가 바로 시인으로서의 자신의 모습이라는 것이다.

그런 열정은 글을 쓰는 것으로 발현된다.

철 지난 잡지처럼
나뒹구는 도시에
살아있는 글이 있다

글과 글이 만나면
불이 된다
불은 살아올라 절정에 이른다

사랑의 재를 남긴다면
그것 또한 예사롭지 않다.
― 「화산석 7」 부분

우리가 사는 도시는 삭막하다. 그리고 하루하루의 삶은 무의미하고 권태롭고 상투적이다. 시인은 그것을 "철 지난 잡지처럼 / 나뒹구는 도시"라고 표현하고 있다. 수많은 글자들이 적혀있지만 그것이 가진 원래의 생생한 의미를 상실한 채 버려진 잡지는 많은 말들이 횡행

하지만 의미 없는 말들로 꽉 찬 우리 현실의 무의미와 부조리를 비유적으로 잘 보여주고 있다. 시인은 이런 글을 살아 오르는 불로 전환시키고자 한다. 그 불을 통해 어떤 절정의 정신으로 나아가고 한다. 그리하여 그 타오르는 불이 결실로 "사랑의 재를 남긴다면" 그 불은 시인 자신에게도 우리의 삶에도 의미있는 그 무엇이 되리라고 생각한다. 이것이 바로 조정애 시인이 시를 쓰는 이유일 것이다.

그런데 열정을 불사르고 일은 자신을 태우는 일이고 자신을 태우고 나면 그곳에는 허무가 자리한다. 마치 불속에서 태어난 화산석이 구멍투성이인 것처럼 말이다.

아버지가 떠난 세상이
온갖 거짓으로 허망해져도
큰 구멍으로 지은 집으로
파도와 바람이 들락거렸다
희망의 배를 띄우고
내 슬픔과 고통은
아버지의 꿈과 별이 되었다

큰 구멍 사이사이로
무수한 작은 구멍들이
별처럼 나를 지켜냈다
한라산 고산 철쭉이
왜 화산석을 껴안고 피어났는지
뒤늦게 깨달았을 때 아아,
거기 태초의 하늘이 있음을 보았다.

-「화산석 15」부분

시인 역시도 자신의 가슴에서 구멍을 발견한다. 그 구멍 속에 슬픔과 고통이 자리하고 있다. 하지만 빈 구멍을 지나는 바람이 아름다운 소리를 만들어내듯이 슬픔과 고통의 빈자리를 채우는 것이 바로 "꿈과 별이" 된다. 시를 쓰는 것은 바로 이 구멍을 지켜내는 것이고 이 구멍의 빈곳을 메우는 별이 되고 꽃이 된다. 그것은 마치 "한라산 고산 철쭉이" "화산석을 껴안고 피어"나는 것과 같은 것이다. 슬픔과 고통을 극복하고 시인이 시를 쓰고자 하는 열정을 참으로 아름답게 표현하고 있다.

2부의 「나의 혹성」 연작은 시인이 자신의 삶의 공간을 보여주는 것으로 자신의 존재를 설명하고 있다. 생텍쥐페리의 '어린왕자'가 자신의 혹성을 떠나왔어도 혹성에서의 삶이 자신의 정체성을 만들었듯이 시인 역시 혹성으로 비유된 자신의 삶의 공간을 통해 자신의 정체성을 돌아본다.

우체부는
대문에 별을 놓고 간다
때론 낯선 이름을 가진 별이
내게 오는데
며칠 뒤 나는 그 별로 여행한다

그곳이 지루할 때는
다른 별로 가지만
어쩌다 신비로운 별을 만나면
밤새워 그 별을 탐미한다

우주의 몇 십억 개 별과
그 너머에 있는 별 중에서
새로 만나는 별이여
나의 소혹성에
그 이름을 새기기 위해
오늘도 그 별에게 내 사연을 띄운다.
-「나의 혹성 4」 전문

시인은 자신의 혹성에서 독서에 열중하고 있다. 우체부가 놓고 간 것은 시인 자신이 주문했거나 그에게 보내준 책일 것이다. 시인은 그것은 "낯선 이름을 가진 별"이라고 아름답게 비유하고 있다. 다른 사람의 정신세계의 산물인 책을 만나는 것은 "신비로운 별"을 만나는 일일 것이다. 그리고 그 별들의 이름을 "나의 소혹성에" 새기는 일인 독서의 행위는 시인이 자신을 위해 바치는 가장 소중한 시간이고 나 아닌 다른 존재와 만나는 의미 있는 소통의 순간이다. 그 경험을 시인은 "그 별에게 내 사연을 띄운다"고 말하고 있다. 그 사연을 띄우는 행위는 바로 글쓰는 일일 것이다. 다른 존재의 정신을 경험하고 그 정신과의 소통을 위한 글을 쓰는 행위 그것이 바로 조정애 시인의 시 쓰기의 중요한 의미이다.

그리고 이런 만남으로서의 시 쓰기는 사랑을 실천하는 행위이기도 하다.

봄엔 죽지 않아
난 혼자가 아니니까
사랑은 봄이 내밀어 준 꽃이니까

그 온화한 대지가
작은 가슴을 품으니까
구름 낀 어두운 날에도
는개가 피면 이슬 천국이 열리니까
나무에 걸린 거미줄에도
눈부신 물방울로 채워주니까
그것은 아무나 볼 수 없는
하늘이 준 선물이니까
사랑으로 만든 세상은 아름답고
그 꿈꾸는 거리에
네가 있을 테니까.

-「나의 혹성 14」 전문

  봄을 느낀다는 것은 쉬운 일이다. 하지만 그 봄이 무엇으로 오는지를 세세히 관찰하고 바라보는 일은 누구나 할 수 있는 일이 아니다. "그것은 아무나 볼 수 없는" "하늘이 준 선물" 같은 것이다. 바로 이 선물을 알아볼 수 있는 것이 시인이다. 그런데 그것을 알아볼 수 있는 힘은 어디서 오는 것일까. 시인은 그것을 사랑에서부터 오는 것이라 생각하고 있는 사랑을 통해 세상을 보았을 때 세상의 모든 존재들은 아름다운 것으로 다가온다. 그리고 그 아름다운 것을 바라고 꿈꿀 때 비로소 나 아닌 다른 존재들의 모습이 보이게 된다. 이러한 사랑과 꿈이 "혼자가 아닌" 내가 봄을 다시 살게 되는 것이다.

3. 나는 무엇으로?

　3부와 4부의 시들은 시인이 자신의 존재를 좀 더 확장시켜 바라보고 있다. 화산석으로서의 나와 나의 공간인 혹성을 벗어나 세상과 만나는 지점을 노래하는 시들이 바로 3부와 4부의 시들이 아닌가 한다. 다음 시는 시인과 세상과의 만남을 보여주고 있다.

　세월이 흐른 뒤에
　흔적은 지웠지만
　거리는 여전히 남아
　살며시 내 팔을 붙잡는다
　"이 거리를 걷고 있는 너는 누구냐"

　남포동 골목을 지나
　광복동 거리
　추억의 갈피 속
　에스파냐 카페에서
　나는 옛 향기를 마시고 있다

　흘러간 시간이
　가슴속에서 출렁이는데
　사람과 사람 사이로
　꽃등燈 켠 거리를
　너는 다시 걷고 있느냐

사랑이 얼비치는
쇼윈도를 돌아
키 큰 가로등만큼
눈부신 날개를 달고
너는 지금도 날고 있느냐

─「광복동 거리」전문

　부산의 광복동 거리는 사람과 사람들이 만나는 사회적 공간이면서 우리 역사의 굴곡이 새겨진 역사적 공간이기도 하다. 시인은 이 거리를 걸으며 마치 거리가 "이 거리를 걷고 있는 너는 누구냐"는 질문을 던진다고 생각하고 있다. 이는 자신이 자신에게 던지는 질문이기도 하다. 그 거리에는 자신의 추억이 묻어있기도 하지만 "옛 향기"와 같은 역사와 시간의 흐름이 남겨져 있다. 이렇게 자신의 추억과 이 거리의 역사 속에서 시인은 "사람과 사람 사이"를 걷고 있다. 나와 타인은 이렇게 거리라는 사회적 공간과 역사라는 시간적 공간 속에서 마주치는 존재이다. 그러면서 시인은 자신을 "너"라고 지칭하여 객관화시키면서 "지금도 날고 있느냐"고 묻고 있다. 이는 사회 속에서 그리고 역사적 위치를 자각하며 천사와 같은 "눈부신 날개를 달고" 다른 사람들을 위해 사랑을 실천하고 있느냐는 질문이며 동시에 그래야 한다는 다짐이기도 하다.

　조정애 시인의 시가 혹성에 머물고 있는 화산석의 울음과 같은 자폐적 노래가 아니라 너와 우리를 생각하는 확산적 언어임을 확인할 수 있는 대목이다. 다음 시는 이를 좀 더 구체적으로 보여준다.

　새벽이면 감자를 깎는다. 괘종시계가 세 시를 치면 새벽시장은 시금치처럼 싱싱하게 살아난다. 칼바람이 목덜미를 파고들면 새벽은 허기가 돌기 시작하고 새알죽 파는 할머니는 뜨거운 항아리의 허리를 끈으로 동여맨다. ⋯(중략)⋯ 싱싱한 이파리에 물방울이 구르듯이 아이들의 글 읽는 소리가 들려오기 시작하고 신발 끄는 소리에 이어 수돗물이 쏟아져 내리는 소리가 들려오면 새벽은 산 위로 올라가 집집마다 문을 연다. 내 어린 시절의 신비롭고 활기찬 새벽시장을 가슴 가득히 느낀다. 이슬에 젖은 새벽 종소리를 떠올리며 나는 감자를 깎는다.
―「새벽시장」 부분

새벽시장은 사람들의 삶이 가장 활발하게 보여지는 장소이다. 거기에서는 죽을 파는 나이드신 할머니마저 뜨거운 열정과 활력을 보여준다. 시인은 그런 모습을 "뜨거운 항아리의 허리를 끈으로 동여맨다"고 하는 섬세한 묘사로 잘 표현해 내고 있다. 새벽은 아직 어슴푸레 어두우므로 사람들의 모습은 잘 보이지 않고 소리들로 모든 활기가 표현된다. 시인은 그 소리들을 기록하는 것으로서 사람들의 사는 사랑스러운 모습과 그들의 삶에 대한 이해와 연대를 표현한다. 감자를 깎는 행위는 그것을 상징적으로 말해주고 있다. 감자를 깎는 것은 그들의 삶에 동참하는 일이기도 하면서 그것은 연필을 깎는 것처럼 뭔가를 쓰고 새기기 위한 행위이기도 하다. 현실적인 생활로서의 삶과 글 쓰는 사람으로서의 시인의 삶을 감자 깎는 행위로 함께 보여주고 있는 것이다.

위의 시들이 시인과 사회와의 만남을 얘기하고 있다면 다음 시는 시인과 자연과의 관계를 보여주고 있다.

인적이 없다
바람조차 없다
적요 끝에 매달아둔
물방울에
세상이 보인다
고즈넉이 눈을 감고
그곳에서 숲을 찾는다.

-「난초」전문

    시인은 난초를 통해 인간들이 사는 세속을 떠나 깨끗한 자연 속에 귀의하는 듯하다. 하지만 그 반대다. 시인은 자연이 주는 적요를 통해 세상을 보고 있다. 난초를 보며 난초가 왔을 숲을 떠올리면서 시인은 자연 속 치유를 경험한다. 이 여유로운 시간을 통해 지친 일상을 씻고 세상과 마주할 새로운 힘을 얻게 되는 것이다. "고즈넉이 눈을 감"는 행위는 애써 그것을 찾으려는 시인의 노력을 보여준다. 시의 힘도 이와 다르지 않을 것이다. 세상의 험하고 저속한 말들 속에 물들지 않는 난초에 맺힌 이슬 같은 말을 찾아가는 것 그것이 바로 시쓰기가 아닌가 생각할 수 있다. 현대인들이 지친 삶을 자연에서 치유하듯 시인은 아름다움 말을 만들어 저잣거리의 거친 말들을 씻어 내 준다. 이 시의 난초는 바로 그런 경지를 비유적으로 대신해 준다.

    다음 시에서도 이런 시인의 자세를 엿볼 수 있다.

그대, 꿈을 열어 보았나
고래의 집 저 바다에
초록별이 쏟아져 내릴 때

통통배의 불빛을 쫓으며
우리는 밤공기에 취해 있었네.

…(중략)…

그대, 이별을 해 보았나
신선바위와 망부석 위로
구름도 잠시 머물다 떠나고
자살바위 위의 목탁소리에
구명사求命寺 노송들도 합장을 했네

그대, 태종대에 다시 가 보았나
굽이굽이 걷던 숲속 길 따라
트럼펫 소리 길게 드리울 때
첫사랑의 맑고 푸른 눈빛
아직도 그 바다에 머물고 있네.

−「태종대」부분

  도심 가까이 있는 태종대는 자연과 사람이 만나는 곳이다. 사람들이 번잡하게 사는 도시도 바다와 숲이 함께 있는 곳이 바로 태종대이다. 태종대에 와 사람들은 바다를 보고 별을 본다. 그러면서 밤공기라는 삶의 현장인 환한 속세와는 다른 경험을 한다. 그것은 우리에게 잠시 현실을 벗어날 여유와 원시의 힘을 느끼게 해 준다. 그 힘이 우리로 하여금 이별 같은 삶의 고통을 이겨낼 힘을 선사한다. "구명사 노송들도 합장을 했네"라는 구절이 이를 아주 잘 비유해 내고 있다. 시인은 힘들 때마다 그곳을 찾는다. 그리고 그곳에서 "첫사랑의 맑고 푸른 눈빛" 같은 바다를 보며 삶의 희망과 사람들에 대한 사랑을 회복한다.

4. 맺으며

시를 왜 써야 하는가? 왜 사느냐는 질문처럼 시인들은 자주 이 질문을 잃고 산다. 하지만 이 질문을 망각할 때, 시는 길을 잃고 언어는 허무의 심연에 빠지고 시는 언어의 기교 놀이에서 헤어나지 못한다. 조정애 시인의 이번 시집의 시들은 바로 이 "왜?"라는 질문을 우리에게 다시 던진다. 시인은 그 질문에 답하기 위해 자신을 돌아보고 자신의 삶을 돌아보고 사회와 자연을 생각한다. 그리고 그는 윤동주와 같은 시인이 되기를 다시 다짐한다.

> 어제도 오늘도 내일도
> 고개 숙여 걷는 삭막한 길에서
> 어깨 처진 슬픈 사람의 뒷모습에
> 시의 깃발을 흔드는 그대여
> ─「윤동주 시인의 언덕에 서서」부분

우리가 시를 쓰는 이유는 이 땅에 살아온 역사를 잊지 않고 삭막한 길에서 시의 깃발을 세우기 위해서라고, 시인은 윤동주를 그리며 생각하고 있다. 그것은 어깨 처진 사람들의 지친 삶들을 위로하기 위한 것이며 또한 왜라는 질문을 망각한 상투적인 일상에 새로운 삶의 방향을 세우는 일이다.